AUMENTE SUAS VENDAS ON-LINE

Guia com 101 métodos para aumentar suas vendas on-line!

Isenção de responsabilidade

Conteúdos

39-Reconsidere seu ímã de chumbo
40-Tenha um código cupom
41-Use um temporizador de contagem regressiva
42-Não seja Spam!
43-Considere um funil
44-Tente demolir o funil!
45-Sempre aqueça essas ligações frias
46-Mercado pessoal
47-Prova social
48-Autoridade
49-Conheça o seu Porquê
50-Qual é o seu USP?
51-É tudo na apresentação
52-Obrigação e Reciprocidade
53-Peça depoimentos
54-Respeitar o seu tempo
55-Vender algo pequeno
56-Remover as barreiras à venda
57-Complementos de ponto de venda
58-Criar Escassez
59-Fazê-lo sentir Premium
60-Adicione um robô de suporte
61-Ofereça vários métodos de pagamento
62-Tente plataformas de vendas existentes
63-Use perguntas retóricas
64-Questões de fonte
65-Cabeçalhos que contam toda a história
66-Consulte seu público-alvo
67-O F- Zone
68-Testes Sua cópia
69-Contratando um escritor
70-Escrevendo uma personalidade de comprador
71-Conhecendo seu nicho
72-Encontre um público "parecido"
73-Crie um hit viral
74-Equipe
75-Reduza as opções
76-Invista em imagens de alta qualidade
77-Convide contato
78-Responda às objeções em sua cópia
79-Doe o máximo possível de graça
80-Otimize para dispositivos móveis

81-Emoções
82-Entenda a intenção (isso é importante!)
83-Crie seus 1000 fãs verdadeiros
84-Experimente o Venda tranquila no Social Media
85-Rastrear, Medir, Ajustar, Otimizar!
86-Envolva-se com a comunidade
87-Seja realista
88-Responda às críticas
89-Não tente apelar para todos
90-Tenha uma marca forte
91-Gera interesse
92-Comunique-se
93-Falha rapidamente
94-Teste
95-Não seja um clichê
96-Contrate um profissional
97-Seja claro e direto
98-Tenha várias oportunidades de compra
99-Seja um profissional consumado
100-Sem custos ocultos
101-Não desista/ Venda algo que você tem orgulho!

Conclusão

Introdução

Você já viu sites que vendem e-Books ou outros produtos e se perguntou quanto dinheiro está *realmente ganhando*?

Você já tentou vender um produto on-line e descobriu que ele não saía das "prateleiras digitais" como você esperava?

Talvez você tenha sido levado a pensar que é tudo uma grande farsa ou mentira. Talvez você pense que ninguém está realmente ganhando dinheiro online.

Você estaria errado!

A verdade é que, embora haja muitos conselhos ruins por aí, e apesar de muito SUCO ser vendido em uma questão muito cínica, aqueles que o entendem são REALMENTE prósperos.

A Web possibilita a conexão com um público gigantesco de bilhões de pessoas e fornece a eles todos os tipos de produtos de maneira totalmente automatizada. Se você pode criar ou encontrar um ótimo produto e compartilhá-lo com as pessoas certas, pode gerar um LUCRO MASSIVO enquanto dorme.

É simples assim.

Existem pessoas por aí que estão GANHANDO GENERALMENTE centenas de milhares de dólares todos os meses com esse tipo de estratégia.

Se você quer ser um empreendedor on-line, ou se você já tem uma loja de comércio eletrônico, então isso deve ser *muito* do seu interesse.

Então, qual é o segredo deles? O que os principais vendedores on-line fazem de diferente e o que você pode aprender com eles?

Este livro irá compartilhar as respostas. Sem truques. Sem truques. Apenas 101 dicas extremamente poderosas que não podem garantir seu sucesso, mas que são *extremamente* poderosas nas mãos certas.

1 venda adicional

Vender uma vez é ótimo, mas vender duas vezes é ainda melhor!

A parte mais difícil de vender on-line é conseguir que alguém abra sua carteira e confie no seu sistema para comprar um produto.

Então, se você já chegou a esse ponto, não desperdice!

Aproveite esta oportunidade para tentar adicionar outra coisa ao pacote.

Isso pode significar uma pequena compra adicional para facilitar o negócio, um acessório que complementa a compra principal ou pode estar atualizando o produto para a "Edição Premium".

Talvez, apenas por isso, um ebook de US $ 70 seja demais. Mas pagar US $ 20 a mais para atualizar o e-book de US $ 50 para a US $ 70 *edição premium de* com materiais bônus ...? Essa é uma história diferente!

2 Cupons gratuitos/Voucher

Um voucher gratuito é outra ótima maneira de transformar esse primeiro sucesso em um sucesso repetido. Um voucher gratuito permitirá que seu público compre um produto futuro com desconto. Isso recompensa seu costume inicial e também os incentiva a comprar mais. É uma vitória, vitória para todos!

3 Melhor Serviço

A estratégia simples, mas altamente importante, doé fornecer o melhor serviço possível. Dessa forma, você pode garantir que as pessoas a) digam coisas boas sobre você eb) desejem usar seu serviço novamente. Como se costuma dizer: o que vai, volta. E isso vale nos negócios!

4 Executar testes divididos

Os testes divididos envolvem a criação de duas versões ligeiramente diferentes da mesma página de vendas. Em seguida, você compara o desempenho de cada versão antes de adotar as alterações em todo o site / campanha de marketing. Tente comparar cores, fontes, frases e muito mais.

Apenas certifique-se de executar os testes por *tempo suficiente para* que os resultados reflitam uma tendência geral - em vez de apenas ser um acaso. Você pode fazer isso calculando o valor "P".

5 Use uma estrutura narrativa

A narrativa é geralmente descrita como "SEO para o cérebro humano". O que isso significa é que, ao contar uma história, você pode fazer com que seu público se incline e se envolva com o que está dizendo. Isso é crucial se você deseja que eles não apenas fiquem na página, mas também comprem de você.

Em vez de fatos secos sobre o seu produto, tente encontrar o interesse humano e transformá-lo em uma história interessante que o leitor deseja concluir!

6 Calcule seu CLV

Seu CLV é o seu "valor da vida útil do cliente". Isso indica quanto, em média, cada visitante que compra de você valerá para a sua marca. Você obtém esse número analisando seus produtos atuais, as taxas de conversão de cada um, os lucros de cada um e quantas vezes o usuário médio compra de você.

Esse número é importante porque indica quanto vale um visitante para você. Se você executar uma campanha publicitária e estiver gastando menos que esse valor *por* visitante, poderá garantir um ROI.

7 Use um vídeo

O vídeo é extremamente *subestimado* quando se trata do mundo do marketing na internet. Não só não é visto com frequência suficiente, mas também é usado apenas em uma capacidade muito estreita. Em particular, embora seja bastante comum ver vídeos que simplesmente ler o script de vendas, é muito *menos* comum encontrar vídeos que funcionam como anúncios convencionais: a tentativa de vender a proposição de valor, mostrando corte filmagem emotiva bem juntos.

Isso pode mudar o jogo. Contrate um editor profissional e faça com que ele faça com que seu produto pareça o mais incrível possível. Adicione uma trilha sonora incrível e você poderá motivar as pessoas a parar de pensar e apenas clicar no botão "comprar"!

8 Pop-over/O pulo do gato

Pop-overs, ou caixas de luz, são caixas que aparecem sobre o conteúdo da sua página e tornam o restante da página escuro. Essa pode ser uma excelente maneira de chamar a atenção e promover um desconto ou oferta.

Melhor ainda, é que os pop-overs podem ser aprimorados para aparecer apenas sob certas condições. O melhor exemplo? Um pop-over que aparece quando o usuário tenta *sair* da página.

9 Remover anúncios

Se você ainda tiver anúncios de outros produtos em seu site, como o Google AdSense, é essencial removê-lo o mais rápido possível. Tudo o que esses anúncios fazem é enviar cliques para *fora* do seu site, minimizando assim suas próprias vendas.

10 Remover elementos de navegação

O mesmo se aplica a outros elementos de navegação. Sua página de vendas não deve incluir botões fáceis que levarão os visitantes de volta à página inicial ou a outras páginas do seu site. Novamente, isso apenas incentiva seus visitantes a *deixar* a página sem ter comprado nada - exatamente o que você não quer que eles façam!

11 Alvo melhor

Não suponha que baixas taxas de conversão resultem de um script ou design de vendas que não está funcionando bem. Com a mesma probabilidade, é que está faltando sua segmentação. Em outras palavras, você pode achar que está trazendo as pessoas erradas para sua página, para começar, que *nunca* comprariam seu produto, mesmo com toda a persuasão do mundo!

12 Velocidade importante

Execute o teste de otimização de velocidade da página no Google para verificar se a página está sendo carregada rapidamente. Isso é extremamente importante, pois uma velocidade lenta de carregamento da página não só prejudicará o seu SEO, mas também fará com que muitas pessoas deixem o site antes mesmo que ele possa ser carregado. As pessoas on-line são impacientes!

E não apenas isso, mas lembre-se de que seu site pode parecer menos profissional e organizado, se levar muito tempo para carregar.

Isso reduz a confiança, o que significa que as pessoas não vão querer entregar seus detalhes de pagamento.

13 Descontos por execução

Os descontos são uma ferramenta poderosa para gerar mais vendas. Isso não apenas permite que você jogue com preços para ver o que as pessoas respondem melhor, mas também permite aumentar o senso de urgência. É importante, ao definir o preço do seu produto, deixar "espaço" para os descontos mais tarde.

13 Garantias

A devolução do dinheiro de é um acéfalo que está faltando em muitos sites. A razão para isso é que as garantias de devolução do dinheiro fornecem ao seu público a garantia de que eles irão gostar do produto - ou serão reembolsados. Isso, por sua vez, remove uma das principais barreiras à venda e garante que muitas outras pessoas sigam clicando em "comprar".

Ao mesmo tempo, as garantias de devolução do dinheiro raramente serão "descontadas". Isso significa que você realmente não perde nada e ganha muito!

14 Use o Instagram Stories

Instagram Stories é uma ferramenta extremamente poderosa que muitos vendedores não utilizam totalmente. As histórias têm o benefício de se sentirem pessoais e muito "no momento", o que as torna altamente atraentes. Além disso, as histórias do Instagram geralmente notificam seus seguidores para que eles sintonizem imediatamente.

15 Conheça a sua proposta de valor

A proposta de valor é um dos aspectos mais importantes do seu produto e da sua empresa. Isso deve responder à pergunta: como você está fornecendo valor. Em suma, seu produto deve melhorar a vida das pessoas de uma maneira muito real. Seu trabalho é fazer com que seu público visualize como e como isso seria - trabalhá-los em um frenesi que os leva a comprar.

16 Experimente um produto diferente!

Se você realmente não pode vender seu produto, considere mudar. Não deixe que o ego ou a teimosia levem a isso: se algo não estiver funcionando, siga em frente!

17 VERIFIQUE O PRODUTO

Verificar seu produto significa garantir que haja uma audiência para ele antes de você investir muito tempo e esforço nele.

Esta é uma estratégia de mudança de jogo para os vendedores, pois quase garante sucesso. Um exemplo de como você pode verificar um produto é aceitando pré-encomendas. Isso informa rapidamente se existe uma demanda real pelo que você está oferecendo e se as pessoas estão dispostas a gastar dinheiro. Também mostra quanto esforço e tempo para gastar no que você está desenvolvendo!

18 Veja a concorrência

Sempre faça sua pesquisa de mercado. Especificamente, sempre veja o que a concorrência está vendendo e COMO está fazendo isso.

19 Patrocine um influenciador

Um grande truque de crescimento para qualquer produto é encontrar alguém com um grande público e levá-lo a promover o que você está oferecendo. Isso é algo que muitas pessoas não percebem que pode ser extremamente poderoso: permite não apenas alcançar o grande público, mas também negociar a influência e a confiança que o influenciador desenvolveu com seu público.

20 Aumente a confiança, sendo transparente

Existem muitos sites que tentarão vender produtos prometendo a Terra. Esses sites podem usar depoimentos falsos e reivindicações ultrajantes.

A infeliz verdade é que isso funciona ... pelo menos a curto prazo. A longo prazo, você precisa considerar como isso pode impactar seus negócios e a confiança que outras pessoas depositam nele.

Por exemplo: você acha que os influenciadores vão querer trabalhar com você se você estiver tentando induzir as pessoas a comprar um produto de baixa qualidade?

21 Redirecionamento / (Re)marketing

 O redirecionamento e o (Re)marketing se referem efetivamente à mesma coisa: exibir anúncios a pessoas que já estiveram no seu site. O Google AdWords oferece esse recurso, assim como várias outras plataformas de publicidade, e pode ser altamente eficaz.

22 Oferecer brindes

Os brindes são extremamente benéficos para qualquer estratégia de marketing e devem representar um componente-chave do que você está fazendo. Isso ocorre porque um brinde ajuda não apenas a atrair um público, mas também demonstra o valor que você é capaz de oferecer e ajuda as pessoas a se sentirem em dívida com a sua marca.

23 Galvanize a comunidade de marketing de afiliados!

Algumas pessoas relutam em fazer isso, pois pensam que a comunidade acabará "tendo" seus lucros. Esta é a maneira errada de ver!

A maneira correta de analisar é que seus afiliados venderão mais unidades *em topo* do que você está gerenciando. Ou seja, só porque os afiliados vender seu produto não significa que você precise vender continuam a vender como você é, mas você vai ter vendas adicionais de aqueles outros que estão ajudando você. Isso também pode ajudar a aumentar a conscientização sobre o seu produto!

24 Valores de produção são importantes

para o seu site, o produto em si, qualquer material de marketing e, certamente, qualquer vídeo. Os altos valores de produção fazem com que sua empresa pareça mais séria e confiável, mas também ajudam a tornar seus produtos muito mais atraentes e interessantes.

25 Torne o som tangível

Um dos maiores desafios ao vender on-line é que seu público-alvo não consegue realmente pegar o produto e senti-lo na mão. Esse é um problema, pois remove um dos grandes fatores que frequentemente impulsionam as vendas: a conveniência física. Tente compensar isso no seu idioma.

26 Tenha camadas

Você deseja que seu produto seja o mais atraente possível para o público, em vez de ter apenas uma "versão", pense em criar várias versões diferentes a preços diferentes. Isso também ajuda a incentivar as pessoas a subir "um nível" e, assim, gastar mais do que poderiam gastar.

27 Usar contraste O

contraste é o exemplo perfeito de como isso pode funcionar. Isso pode significar vender um produto por US $ 10 e outro por US $ 150 na mesma página. Isso faz com que o produto de US $ 10 pareça *extremamente* barato, o que o torna um negócio incrível. Da mesma forma, porém, o produto de US $ 150 parece ser muito mais premium como resultado.

28 Seu Web Design como um funil

Faça a si mesmo esta pergunta simples:

quando alguém acessa seu site, qual é a primeira coisa que você deseja que ele faça?

Como o seu site está garantindo que isso aconteça?

Qual é a única ação que você deseja que eles façam?

29 Vincular todos os lugares

Se você possui um produto, não deve apenas promovê-lo em anúncios. Inclua links em todas as postagens do seu blog, em qualquer vídeo, nas mídias sociais ... essencialmente em qualquer lugar que você puder!

30 Marketing do YouTube

Já falamos um pouco sobre a importância de usar o vídeo. Isso também é extremamente importante quando se trata do YouTube. YouTube pode ser uma

ferramenta muito poderosa para o marketing, pois
tem uma excelente ferramenta de pesquisa que é
fácil de

otimizar para, e porque ele permite que você se envolver com o seu público de uma forma altamente persuasivo.

31 Executando uma solicitação pré-encomenda

A solicitação de pré-encomendas traz um grande número de benefícios. Isso não apenas fornece um fluxo de caixa inicial, mas também uma ideia de quanto tempo investir em sua ideia, com base em quão popular ela parece ser.

32 Iniciar BIG

pré-encomendas também ajuda a criar buzz para o seu produto. Lançar seu produto em grande escala é uma maneira extremamente poderosa de obter esse impulso inicial.

33 Obter

críticas genuínas Muitos de seus visitantes podem dizer a diferença entre críticas genuínas e críticas pagas. Verifique se você tem o maior número possível da página anterior.

34 Distribuir cópias de revisão

Outra ótima maneira de atrair mais pessoas interessadas em seu produto é oferecer cópias / produtos gratuitos a influenciadores. Essa é uma ótima maneira de obter exposição gratuita e de se conectar com pessoas que possam ajudá-lo no futuro de uma maneira muito positiva.

AUMENTE SUAS VENDAS ONLINE

35 Como obter cobertura da mídia

Se você conseguir que seus produtos e itens sejam cobertos pela mídia, isso pode ser igualmente poderoso. Procure os grandes sites de notícias do seu nicho e obtenha cópias / unidades de revisão para os principais jornalistas. Da mesma forma, considere usar comunicados de imprensa para obter mais cobertura. Quando se trata de boletins de imprensa, considere que os jornalistas não estão procurando oferecer uma exposição gratuita. Eles estão interessados apenas em histórias genuinamente interessantes para seu público. Portanto, se você não tem um "ângulo" interessante, precisa criar um!

36 O longo e o estreito

Um ótimo web design para uma página de vendas é longo e estreito. Isso significa que ele deve incentivar seus visitantes a rolar a página para continuar lendo. Quanto mais eles rolam, mais "investidos" eles se sentem no que leram. Por sua vez, isso significa que eles desejam que o tempo investido valha a pena e, como tal, consideram comprar de você.

37 Botões vermelhos de compra são melhores

Isso pode parecer estranho, mas basta garantir que o seu "Compre agora!" O botão está vermelho, pode ser uma maneira muito eficaz de obter mais vendas. Isso ocorre porque a cor vermelha aumenta ligeiramente a frequência cardíaca e, assim, nos torna mais

38 Reconsidere o seu ímã de chumbo

Se o ímã de chumbo que você está dando for muito alto, ele realmente tem dois efeitos indesejáveis: incentiva as pessoas a se inscreverem que querem apenas "coisas grátis" e desvaloriza o que você é capaz de oferecer.

39 Tenha um código de cupom

Esta é uma ótima maneira de fazer as pessoas comprarem de outra forma, é uma boa maneira de testar descontos e também permite que você faça acordos com afiliados, influenciadores e outros!

40 Use um temporizador de contagem regressiva

Embora isso *possa* parecer spam, quando usado corretamente, um temporizador de contagem regressiva pode ser uma ferramenta poderosa.

41 Não seja Spam!

Como regra geral, você deve sempre manter sua integridade. Isso cria negócios a longo prazo. Isso significa que as pessoas voltarão à sua marca novamente no futuro, significa que influenciadores sérios quererão fazer negócios com você e isso faz você parecer mais um participante sério no setor. Se seu espírito é fazer o possível para impulsionar uma venda, você verá sua reputação e sua estratégia de negócios desmoronar com o tempo.

42 Considere um funil

Os funis envolvem o uso de vários "toques" diferentes para aumentar gradualmente o investimento e o envolvimento. A ideia é que você faça com que as pessoas primeiro baixem algo de graça, depois gastem um pouco de dinheiro em algo pequeno e depois paguem por algo maior. É uma excelente maneira de envolver as pessoas e vender seus itens maiores de ingressos.

43 Tente Sucatear o Funil!

 Dito isto, algumas pessoas gastam tanto tempo e esforço concentrando-se em seu funil que acabam confundindo e afastando as pessoas! Se você está perdendo a floresta para as árvores, tente reduzir e oferecer apenas um produto forte.

E se isso parecer contrário à dica anterior, acostume-se! Vender com sucesso significa adaptar-se no momento, experimentar e ver o que funciona para você.

44 Sempre aqueça os leads frios

A melhor maneira de pensar em seu processo de vendas é como namorar. Você não andaria até um estranho na rua e perguntaria se poderia levá-los para casa! Você pode ser a pessoa mais bonita do mundo, mas eles não sabem nada sobre você, não têm motivos para confiar em você e você pode ser perigoso por tudo que sabe!

Mas se você passa um tempo conversando com essa pessoa primeiro, se eles sabem que seus amigos gostam de você e se você já os conheceu antes. Todas essas coisas somam-se a eles voltando para casa com você.

Vender é exatamente o mesmo. Você precisa estabelecer esse relacionamento, esse relacionamento e essa confiança. Somente *então* você poderá converter essas pessoas em clientes pagantes. Faça a sua diligência!

45 O marketing Pessoal

Marketing Pessoal é uma maneira extremamente eficaz de fazer vendas e também pode ser uma ferramenta de aprendizado extremamente valiosa. Dessa forma, você pode ver o feedback pessoalmente e ter uma ótima ideia do que está funcionando e do que não está.

Da próxima vez que estiver em uma festa, tente convencer alguém a comprar seu produto!

46 Prova social

Prova social significa coisas como depoimentos ou estatísticas que dizem ao público "todo mundo está comprando isso!" Esta é uma ferramenta muito poderosa em seu arsenal, pois os humanos são criaturas sociais. Se você pode demonstrar que seu produto é popular e se as pessoas o apreciam, isso aumentará significativamente a probabilidade de outras pessoas confiarem no que você tem a oferecer e comprar de você!

47 Autoridade

Outra opção é aludir à autoridade. Discutimos "tornar-se" uma autoridade, até certo ponto, postando posts de blog inteligentes e apresentando-se bem nas mídias sociais / vídeo. Mas, embora isso possa ser muito eficaz, nunca o levará às mais altas posições de autoridade. O que você *pode* fazer é obter uma cotação ou uma referência das mais altas autoridades! Para exemplo, você pode obter uma figura de autoridade médico ou semelhante para dar-lhe uma recomendação.

No entanto, há sérias implicações morais, portanto, verifique se essa é uma recomendação genuína para um produto em que você acredita!

48 Conheça o seu porquê

Seu produto único é uma pequena parte de uma estratégia de negócios muito mais ampla. É por isso que é tão importante "saber o seu porquê". Em outras palavras, você precisa saber qual é o plano geral para os seus negócios e o que deseja "contribuir" para o mundo. Isso pode parecer grandioso, mas é isso que faz a diferença entre ter clientes e ter fãs. Se você pode criar verdadeiros fãs, nunca terá dificuldades para gerar vendas e terá muito mais facilidade em galvanizar esse público.

49 Qual é o seu USP?

Seu USP é o seu ponto de venda exclusivo. Para resumir esta história: tenha uma! A USP faz você se destacar da multidão e oferece às pessoas um motivo para comprar de você. Sem isso, eles também podem comprar de qualquer outro lugar.

50 Está tudo na apresentação

A maneira como você apresenta um produto pode fazer uma enorme diferença na sua capacidade de venda e no preço que você pode solicitar. Considere a diferença que a embalagem faz, por exemplo. Leve o seu produto, coloque-o em uma caixa preta premium e você poderá cobrar muito mais por isso, e verá que ele vende melhor. As pessoas ficarão ainda mais felizes com sua compra!

Isso também pode funcionar para um e-Book: forneça uma capa atraente e algumas imagens de aparência premium, e isso pode fazer uma diferença gigantesca na sua capacidade de vender.

51 Obrigação e reciprocidade

Este é um poderoso desejo humano. Você sabia que se você fizer algo de bom para alguém, ele será superado pelo desejo de retribuir por *múltiplos vezes o* que você lhes ofereceu?

Ou seja, se você der US $ 1 a alguém, ele não ficará feliz até ter lhe dado US $ 10! Provavelmente porque esse $ 1 inicial foi espontâneo. A natureza recíproca do que eles estão oferecendo faz com que seu presente pareça instantaneamente menor em valor.

Isso é poderoso porque significa que doar qualquer coisa de graça pode gerar muito mais vendas para o seu produto!

52 Peça depoimentos

Discutimos a importância de mostrar depoimentos; portanto, não se esqueça de pedir por aqueles para obter o maior número possível!

53 Respeite o tempo

Em todos os aspectos de suas vendas, é importante respeitar sempre o tempo dos visitantes. Isso significa que você deve chegar ao ponto rapidamente e garantir que tudo carregue e responda rápida e eficientemente também.

54 Vender algo pequeno

Vender algo pequeno em seu site é uma maneira muito eficaz de acostumar as pessoas à ideia de comprar de você. Dessa forma, você pode salvar os detalhes (facilitando a compra novamente) e demonstrar que é entregue dentro do prazo e de maneira confiável.

Considere que pode haver duas coisas que impedem a compra de alguém que, *juntas,* garantem que não. A primeira é que seu produto é muito caro, a segunda é que eles não sabem se podem confiar no seu sistema de pagamento.

Bem, agora, se você vender seu primeiro produto por US $ 1, eles não serão adiados pelo preço. E AGORA, quando voltarem a comprar de você, podem gastar US $ 50 sem se preocupar se o sistema de pagamento funciona!

55 Remover barreiras à venda

Este é outro exemplo de remoção de barreiras à venda. Há muitas outras coisas que também podem impedir alguém de comprar. Isso pode variar de não confiar no sistema de pagamento, até não entender o idioma em que você escreveu! Aborde todas as objeções que você puder pensar e garanta que está encontrando maneiras de combatê-las.

Complementos para o 56

Ponto de venda é o ponto em que o indivíduo se comprometeu a comprar de você e concordou em gastar dinheiro. Este é o ponto em que você superou as barreiras à venda, então agora é hora de tentar maximizar a receita adicionando à cesta!

57 Criar escassez

Escassez significa tornar seu produto menos disponível para incentivar as pessoas a se inscreverem e se envolverem rapidamente. Você pode criar mais escassez até de que oferece um desconto, ou limitando o número de itens. Isso incentiva uma decisão mais rápida, o que aumenta as chances de compra.

58 Faça com que pareça premium

Faça o que puder para tornar seu produto premium e exclusivo. Isso inclui falar sobre isso em todo o site de uma maneira que faz com que pareça elite.

59 Adicionar um(bot) robô de suporte

 Essa pode ser uma ótima maneira de interagir com as pessoas assim que elas chegam ao seu site, mas também para garantir que quaisquer perguntas urgentes sejam respondidas rapidamente. Ferramentas como Intercom e Zendesk permitem adicionar um bot de suporte ao seu site.

60 Ofereça vários métodos de pagamento

Não force as pessoas a deixar seu site sem comprar, porque elas não têm a opção de pagamento necessária! O PayPal por si só não é suficiente - vários países inteiros não podem usar o PayPal!

61 Experimente as plataformas de vendas existentes

Outra maneira de facilitar a venda é usar as plataformas de vendas existentes. Eles oferecem várias opções, eles vêm com a confiança incorporada e muitas pessoas já inseriram seus detalhes de pagamento. Se você pode obter on-line e-Book na Amazon como um livro físico, por exemplo, você vai abrir seu público, em grande medida.

62 Usar perguntas

Retóricas: As perguntas retóricas são perguntas às quais você não espera uma resposta.

"Você já se perguntou por que mais pessoas não estão em ótima forma?"

Perguntas como essa são brilhantes para o seu script de vendas, pois incentivam o leitor a se envolver com o conteúdo e a se fazer essas perguntas.

63 Fontes da fonte A

fonte é importante, pois ajuda a garantir que seu conteúdo seja fácil de ler e pode fazer uma grande diferença no aparente valor de produção do seu site. Não fique apenas com o padrão que acompanha o seu tema WordPress!

64 títulos que contam toda a história

Como mencionado anteriormente, a grande maioria das pessoas que usam a web está em *um se apresse*. Isso significa que eles não têm tempo para ler um bloco enorme, denso de texto. Se é assim que seu site está cumprimentando as pessoas, ele as afasta e afasta.

Para fazer isso direito, use muitos títulos. Além disso, tente garantir que seu público possa obter toda a história simplesmente lendo esses títulos!

65 Consulte seu público,

se você tem uma audiência, então por que não perguntar *a eles* o que eles gostariam de comprar de você e como você poderia vendê-la?

66 Zona F

O termo F se refere à onde os olhos ficam no seu site quando ele carrega. A zona F é o lado esquerdo da sua página e as duas primeiras linhas (superior e superior do meio). Ao entender isso, você pode fazer melhor uso do seu design.

67 Testando sua cópia

Teste a cópia em seu site e quão bem ela é vendida usando testes divididos. Isso significa criar duas versões ligeiramente diferentes do seu site com cópias de vendas diferentes e ver qual apresenta o melhor desempenho.

68 Contratando um escritor

Se você não tem um talento natural para escrever, não tente improvisar! Sua cópia de vendas é essencial para o seu sucesso, então contrate um profissional!

AUMENTE SUAS VENDAS ONLINE

69 Como escrever uma persona de

Comprador: Sua persona de comprador é a biografia fictícia do tipo de pessoa que compraria seu produto. Escreva isso e certifique-se de entender a psicologia dessa pessoa e onde encontrá-la em seu marketing!

70 Conhecendo seu nicho

 Além de entender a personalidade do comprador, também é importante entender o nicho. Isso significa que você precisa entender o tópico e vender "o que você sabe".

Em outras palavras, se você vende um produto para fitness, deve saber sobre fitness. Se você vende um produto sobre moda, deve ter alguma experiência nesse mundo.

Embora isso possa não parecer necessário, na verdade é enorme. Isso porque entender a indústria e o nicho é o que permitirá que você ofereça algo realmente novo e interessante que não seja derivado, permitirá que você saiba onde o público estará, e permitirá que você se comunique com esse público de uma forma que eles respondem.

Obviamente, não é 100% necessário que você conheça bem o nicho para vender (há muitos exemplos de vendedores que não conhecem e ainda são bem-sucedidos). Mas se você não conhece o seu nicho, contrate um escritor que o conheça de dentro para fora. Isso é mais importante do que sua habilidade de escrita!

71 Encontre públicos semelhantes

Um público semelhante é um grupo demográfico ou nicho que está comprometido com um tipo de pessoa semelhante, com interesses semelhantes. Esse grupo é perfeito para vender porque terá muitos dos mesmos interesses.

Mas, ao mesmo tempo, pode não ter sido exposto ao que você está oferecendo. Uma ótima maneira de encontrar esses públicos semelhantes é procurar interesses tangenciais. Por exemplo, fitness e artes marciais são públicos com muitos cruzamentos.

72 Criar um hit Viral

Se você pode criar um vídeo viral ou uma postagem de blog, isso pode direcionar uma grande quantidade de tráfego para o seu produto! Estude aqueles que explodiram. Veja o título que eles usaram, a implementação da história e veja por que seu público reagiu da maneira que eles fizeram ao ler seus comentários. Você encontrará pistas!

73 Team Up-

A parceria com outros criadores e influenciadores é uma excelente maneira de alcançar um público maior e, potencialmente, ter mais impacto em seu mercado.

74 Reduzir escolhas

Discutimos os benefícios do contraste e da venda de produtos em camadas. Às vezes, entretanto, ter várias escolhas pode ser uma coisa ruim. Isso ocorre porque as pessoas às vezes podem descobrir que experimentam uma "paralisia da escolha". Aqui, são tantas as opções que uma pessoa pode acabar congelando e sem saber o que comprar! Para tentar evitar que isso aconteça, tente reduzir o número de coisas que você está vendendo.

75 Invista em imagens de alta qualidade

Preencher sua página de vendas com belas imagens faz as pessoas quererem passar mais tempo lá, faz você parecer mais profissional e simplesmente ajuda você a vender mais!

76 Convidar para contato

Convide seu público a entrar em contato com você. Esta é uma ótima maneira de vender, especialmente na venda de serviços!

Termine sua página inicial com uma frase como "clique aqui para comprar agora", e você poderá descobrir que ninguém realmente aceita essa oferta. Mas se você terminar com "entre em contato se tiver alguma dúvida", é mais provável que eles façam uma ação. Este é um pequeno passo que permite que você comercialize para eles e os convença a comprar de você.

77 Objeções de resposta em sua cópia

As pessoas que pensam em comprar o seu produto descobrirão que precisam enfrentar muitas objeções que as impedem de dar o salto. Talvez eles se preocupem com o fato de o produto ser igual a outros que experimentaram e com os quais não ficaram impressionados. Ou talvez eles pensem que você não vai entregar o item a tempo.

Seu trabalho é adivinhar essas segundas suposições e incluir respostas a essas objeções diretamente em seu discurso de vendas.

"Este não é apenas mais um programa!"

"Se você não gosta do que vê, oferecemos uma garantia de devolução do dinheiro total!"

78 Dê o máximo que puder de graça

Quanto mais valor você pode oferecer gratuitamente por meio de seu site, mais atrairá as pessoas para seu conteúdo, mais demonstrará seu valor e mais as incentivará a comprar de você no futuro.

79 Otimizar para celular

Cada vez mais pessoas compram produtos online através do celular - então, certifique-se de que seu site esteja pronto para isso.

80 Emoção

Uma das coisas mais importantes a fazer em sua cópia de vendas é ter certeza de que você está emocionando e tentando obter uma resposta emocional.

As pessoas não compram com base na lógica. As pessoas compram com base na emoção. Seu trabalho, então, é deixá-los frenéticos de modo que eles comprem de você assim que puderem.

81 Entenda a intenção (isso é importante!)

A intenção é um dos conceitos menos compreendidos em marketing - e é um dos mais importantes.

Se você estiver usando palavras-chave para direcionar os visitantes para o seu site, não é suficiente pensar puramente em termos de quais termos as pessoas estão pesquisando: você também precisa pensar sobre o que as coisas que procuram estão a serviço.

Em outras palavras, não adianta usar uma frase como "downloads gratuitos de fitness" porque essas pessoas não pretendem gastar dinheiro. Pense na intenção em tudo que você faz.

82 Construa seus 1000 verdadeiros fãs

Estudos sugerem que se você ganhar 1000 seguidores verdadeiros que amam o que você faz, você nunca terá dificuldade em fazer vendas ou promover seu trabalho. Há muita verdade nisso porque essas pessoas vão comprar todos os produtos que você criar, eles vão ajudá-lo a comercializar e promover o que você está oferecendo e vão ajudá-lo a comunicar isso aos outros.

83 Experimente a venda suave nas redes sociais

Vender não é apenas uma questão de tentar forçar seus produtos goela abaixo. Na verdade, a venda suave geralmente funcionará melhor, especialmente ao vender algo por um preço mais alto.

Por exemplo, uma ótima estratégia para um instrutor de fitness é simplesmente postar muitas imagens de seus treinos e daquelas que estão criando para os clientes. Em seguida, é só esperar que as pessoas enviem mensagens com perguntas sobre condicionamento físico, que você pode transformar em oportunidades de vendas!

84 Rastreie, avalie, ajuste e otimize!

Esta é uma das coisas mais importantes de todas as vendas: você precisa se certificar de que está constantemente monitorando e observando seus produtos para ver o que está funcionando e o que não está! Não apenas configure seu funil de vendas e saia: colete o máximo de dados que puder, tente executar testes de divisão, procure correlações e, geralmente, continue a refinar e otimizar seu processo.

85 Envolva-se com a comunidade

Você já viu um produto ou vendedor aparentemente "surgir do nada" para conquistar todo um nicho ou indústria? Semanas atrás, ninguém tinha ouvido falar dessa pessoa e agora

Isso geralmente acontece porque essa pessoa já fez o trabalho de base. A maneira de fazer isso é se envolvendo ativamente com a comunidade.

Isso pode significar ingressar em um fórum ou subreddit, onde o objetivo é simplesmente comunicar-se com essas pessoas, fazer perguntas inteligentes, oferecer ideias úteis e fazer amigos genuínos. Se você puder fazer isso, você pode se tornar uma parte importante dessa comunidade.

Agora, quando você for lançar seu produto ou serviço, terá um grande público integrado de pessoas que amam o que você faz e querem ver seu sucesso. Estes agora são seus "amigos" e tentarão ajudá-lo a vender, assim como você tentaria ajudar qualquer amigo.

86 Seja Realista

Não está vendo essas vendas começarem imediatamente? Não se preocupe! Isso é normal e pode levar muito tempo até que você comece a gerar uma renda passiva significativa.

Seja realista e lembre-se de que mesmo que você esteja ganhando $ 10 por dia, ainda são $ 70 por semana, o que pode fazer uma grande diferença em cima de sua renda regular!

87 Responda às Críticas

Se você receber uma crítica negativa ou encontrar um cliente insatisfeito, não reaja negativamente. Em primeiro lugar, reconheça que o público está sempre certo e perde lucro com uma venda não é importante no grande esquema. Portanto, ofereça esse dinheiro de volta sem questionar!

Mas agora é a hora de a) responder a qualquer crítica pública para que seu público saiba que você está ouvindo e tentando melhorar (não tente desculpar ou minar o problema). Da mesma forma, esta é uma grande oportunidade de aprender e melhorar a experiência dos futuros clientes!

88 Não tente apelar para todos

Você não deve tentar fazer com que seu produto e sua abordagem de vendas sejam atraentes para todos. Uma regra prática simples é que se você atrai a todos, você não atrai ninguém. Um produto que não agrada a ninguém é necessariamente muito brando e genérico, o que o torna desinteressante.

Conheça o seu público e faça escolhas ousadas para acomodá-lo. Isso garantirá que, quando a pessoa certa encontrar sua página, será muito mais provável que ela compre!

89 Tenha uma marca FORTE

Nesse sentido, é importante ter uma marca forte. Isso significa certificar-se de que o logotipo, o nome do site e o design comunicam do que se trata o seu produto / marca e para quem se destina. Isso pode fazer uma grande diferença em sua capacidade de vender e gerar seguidores apaixonados.

90 Gerar Interesse

Algo a que aludimos algumas vezes ao longo deste livro é que seu produto deve ser projetado para gerar interesse.
A web está repleta de produtos com a mesma aparência e som. Vender mais um livro sobre fitness ou namoro é difícil de tornar empolgante.

Mas é isso que você precisa fazer: encontrar maneiras de fazer seu item parecer único, diferente e revolucionário. Faça isso por meio de seu discurso de vendas, da escolha do produto em si e da maneira como você o apresenta.

91 Comunique-se!

A comunicação é uma estratégia importante em geral. Por exemplo, quando alguém postar no seu mural do Facebook, sempre responda.

Isso faz com que seu público sinta que há pessoas reais administrando sua empresa. Por sua vez, isso significa que eles se sentirão muito mais seguros fazendo pedidos de você porque sabem que podem entrar em contato com você se algo der errado e estão insatisfeitos com o que recebem.

Lembre-se: a web não é apenas uma plataforma. É um fórum. Use esta ferramenta para se engajar em uma comunicação bidirecional e você a usará em todo o seu potencial.

92 Falha Rápida

Fracasso rápido significa que você deve ter como objetivo lançar o seu produto e criar um argumento de venda o mais rápido possível. Feito isso, o próximo passo é começar a vender.

Isso pode até significar que você começa a vender antes que tudo esteja perfeito. Talvez você ainda esteja trabalhando em seu logotipo ou refinando seu texto?

Mas o que isso faz é permitir que você execute rapidamente um teste de tornassol que dirá se o seu público está interessado. Isso também significa que você pode comparar vários produtos em rápida sucessão. Essa abordagem é poderosa porque permite que você se adapte e itere rapidamente.

93 Teste

Imagine que você tem uma ideia para um produto e começa a aceitar encomendas. Nos próximos dias, você receberá centenas de milhares de pedidos e tudo está indo extremamente bem. Então chega o dia do lançamento, mas em vez de enviar os produtos automaticamente para todos, seu sistema falha. Ninguém consegue seu produto. Você acorda no dia seguinte com uma caixa de entrada INUNDADA com e-mails. Quando você passa pelo laborioso processo de responder individualmente a cada pedido, descobre que muitos dos seus e-mails estão bloqueados. Desastre!

Sempre teste seu sistema de vendas sendo você mesmo um cliente. Isso é especialmente importante para uma encomenda, mas também é uma boa ideia para qualquer outro tipo de produto. Isso permitirá que você saiba o que seu público está experimentando, o que o ajudará quando se trata de atendimento ao cliente, se nada mais!

94 Não seja um clichê

Mencionamos várias vezes que você deve evitar ser spam ou muito "vendedor". A longo prazo, isso ajudará você a estabelecer uma reputação melhor e a vender mais.

Mas como você evita cair nessa armadilha? Como você permanece honesto? Um mantra simples para lembrar é: não seja um clichê. Não soe como qualquer outro vendedor!

95 Contrate um Profissional

Contrate um profissional sempre que possível para cuidar da sua web design, para ajudá-lo com a sua cópia, para montar os vídeos. Invista nessa ideia de negócio se você realmente quer torná-la o mais bem-sucedida possível. RESISTE ao impulso de fazer tudo sozinho para economizar dinheiro. Você simplesmente não pode fazer tudo sozinho.

96 Seja claro e direto ao ponto

Isso é algo extremamente importante para as empresas em particular. É quase assustador quantas páginas iniciais de empresas estão repletas de textos que literalmente não fazem sentido. É apenas uma coleção de palavras-chave como "soluções em nuvem", "trabalho em equipe" e "experiência". Isso geralmente é feito na tentativa de soar profissional, mas, na verdade, não faz nada mais do que simplesmente assustar o público.

Em vez disso, então, seu objetivo deve ser comunicar da forma mais clara e eficiente possível o que você está fazendo / vendendo e por que as pessoas devem se importar. Abandone o jargão, seja simples e claro e vá direto ao ponto!

97 Têm Múltiplas Oportunidades de Compra

Se você tem uma página de vendas longa com muito texto em um formato estreito (como você foi instruído a fazer aqui e sem dúvida em outro lugar!), Então você está seguindo o melhor conselho para o design de sua página de vendas. No entanto, isso pode sair pela culatra se você tiver apenas um único botão de compra que é pequeno e colocado na parte inferior da página.

Em vez disso, certifique-se de entrelaçar seu conteúdo com muitas oportunidades de compra. Ao fazer isso, você garante que seu público possa agir de acordo com esse impulso assim que for atingido por ele - em vez de ter que rolar para baixo até o ponto em que perderam o interesse.

Cada poucos parágrafos devem ser pontuados por um botão de compra!

98 Seja um Profissional Consumado

Em cada interação com seus clientes, você deve ser o mais profissional possível.

Isso significa que cada e-mail que você responder deve ser extremamente profissional: mesmo ao responder a críticas agressivas e injustas! Isso também significa que você deve se dobrar para garantir que seus clientes fiquem felizes.

Este é o seu negócio, e você pode achar que tem o direito de dizer aos clientes grosseiros aonde eles podem ir! Ao fazer isso, no entanto, você vai descobrir que, no final das contas, simplesmente adia o seu público e acaba desenvolvendo uma má reputação.

Desabafar um pouco não vale a pena a longo prazo se isso significar destruir a sua reputação e o seu negócio: eles venceram!

99 Sem custos ocultos

Nunca inclua custos ocultos em seus produtos. Isso pode parecer uma ótima maneira de fazer com que mais pessoas comprem, mas, no final das contas, vai prejudicar a experiência do seu produto.

Em vez disso, você deve ter como objetivo entregar mais. Isso significa que você fornecerá mais valor do que prometeu. Portanto, se você prometer que sua entrega será em 5 a 6 dias, você deve tentar entregá-la ao destinatário em 4 dias. Inclua brindes em seu produto e torne-o mais premium do que você precisa.

Fazer todas essas coisas o ajudará a construir os melhores relacionamentos com seus clientes, e a notícia se espalhará.

100 Não desista!

Uma das piores coisas que você pode fazer quando se trata de vender um produto online é simplesmente desistir. Se você não achar que seus produtos estão vendendo bem, isso não significa que eles não possam ser vendidos, e não significa que você seja ruim nisso!

Na verdade, há muita sorte envolvida em vender qualquer coisa online. Você precisa ter o produto certo, na hora certa, e oferecê-lo ao público certo. Mesmo assim, levará tempo e esforço para chegar onde você precisa estar.

Você pode começar a se perguntar se toda essa coisa de "renda passiva" foi exagerada. É mesmo possível ganhar dinheiro enquanto dorme?

Estou aqui para lhe dizer que realmente é. Você já comprou este e-book. Não há razão agora para eu mentir para você. E, no entanto, aqui estou, honestamente dizendo que ganhei mais de US $ 7.000 com um produto no mês passado, sem mexer um dedo.
É incrível quando isso acontece, então continue e não desista!

101 Venda algo de que você se orgulha

Finalmente, para que qualquer outra coisa neste guia seja eficaz, é absolutamente essencial que você esteja vendendo um produto em que acredita e do qual se orgulha. Isso terá um impacto no processo real de vendas de inúmeras pequenas maneiras. Isso afetará o grau de autenticidade e eficácia de seus argumentos de venda. Isso terá um grande impacto em seu entusiasmo ao falar sobre o assunto e afetará muito sua capacidade de continuar vendendo quando parece que não está indo bem. Além do mais, se você está vendendo um produto genuinamente bom, vai descobrir que outras pessoas provavelmente vão querer ajudar. Será mais fácil encontrar afiliados para ajudar a promover seu produto. Será mais fácil fazer com que os influenciadores o avisem. Será mais fácil obter links de outros sites.

Há uma tendência infeliz de os profissionais de marketing online buscarem uma vitória rápida e fácil. Eles querem uma maneira de vender algo rápido, que os ajude a ganhar muito dinheiro rapidamente. Eles acham que a melhor maneira de fazer isso é encontrar o produto que vende mais caro e provavelmente agrada a maioria das pessoas.

Mas, a longo prazo, isso não funciona. Pense nas maiores marcas do mundo. Observe o que eles têm em comum? Todos eles vendem algo que é genuinamente útil e de alta qualidade. Todos eles têm uma marca forte, uma declaração de missão e uma base de fãs comprometida.

Estamos falando de empresas como a Apple, como a Nike, como a Microsoft, mesmo que você não seja um grande fã desses produtos, ainda não há como negar que eles são bem feitos e úteis.

Conclusão

Como você pode ver, existem TONELADAS de coisas que você pode fazer para aumentar suas vendas online. Apenas alguns ajustes simples podem gerar 5% ou mais em sua taxa de conversão.

Mas também existem princípios fundamentais para se manter em mente. O princípio MAIS importante é o da psicologia humana. É aprender o que move as pessoas, o que as motiva e como você pode entender isso para fazer muitas vendas.

Significa fornecer algo genuinamente de alta qualidade, mas também interessante e único. Em seguida, você precisa ser capaz de comunicar essa singularidade de uma forma que deixe as pessoas entusiasmadas.

O resultado final é o seguinte: se as pessoas estão entusiasmadas com o que você está fazendo e estão entusiasmadas com seus produtos ... então você vai vender.

www.ingramcontent.com/pod-product-compliance
Lightning Source LLC
Chambersburg PA
CBHW071111220526
45467CB00004B/1798